Impressum
Verlag: BABADADA GmbH, Nedderfeld 112 , 22529 Hamburg
Geschäftsführer / Verlagsleitung: Harald Hof
Druck: Books on Demand GmbH, In de Tarpen 42, 22848 Norderstedt

Imprint
Publisher: BABADADA GmbH, Nedderfeld 112 , 22529 Hamburg, Germany
Managing Director / Publishing direction: Harald Hof
Print: Books on Demand GmbH, In de Tarpen 42, 22848 Norderstedt, Germany

kool

de School

jagama
delen

186/2

tahvel
de Tafel

klassiruum
de Klassenstuuv

koolihoov
de Schoolhoff

õpetaja
de Schoolmeester

paber
dat Papeer

kirjutama
schrieven

pastapliiats
de Sticken

kirjutuslaud
de Schrievdisch

joonlaud
dat Lienholt

raamat
dat Book

õpilane
de Schöler

koolikott

de Ranzel

pinal

de Feddermapp

harilik pliiats

de Bleesticken

pliiatsiteritaja

de Scharpmaker

kustukumm

dat Radeergummi

joonistusplokk

de Tekenblock

joonistus

de Teken

pintsel

de Pinsel

värvikarp

de Malkassen

käärid

de Scheer

liim

de Klever

töövihik

dat Heft to'n Öven

kodutöö

de Huusopgaav

number

de Tall

liitma

tohooptellen

lahutama

aftrecken

korrutama

malnehmen

arvutama

reken

täht

de Bookstaav

tähestik

dat ABC

sõna

dat Woort

tekst

de Text

lugema

lesen

kriit

de Kried

koolitund

de Stunn

klassipäevik

dat Klassenbook

eksam

de Pröven

tunnistus

dat Tüügnis

koolivorm

de Schooluniform

haridus

de Utbillen

entsüklopeedia

dat Nakieksel

ülikool

de Universität

mikroskoop

dat Mikroskop

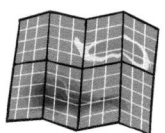

kaart

de Koort

paberikorv

de Papeerkorf

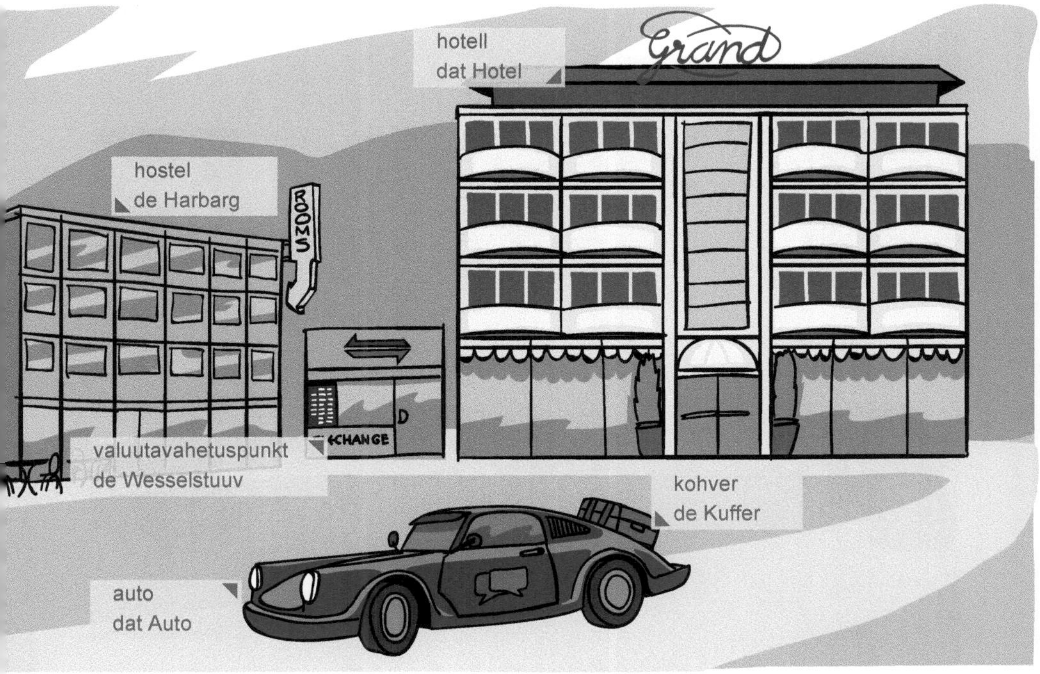

hotell
dat Hotel
Grand
hostel
de Harbarg
ROOMS
valuutavahetuspunkt
de Wesselstuuv
EXCHANGE
kohver
de Kuffer
auto
dat Auto

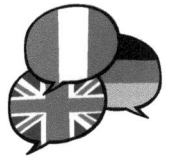

keel

de Spraak

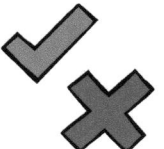

jah / ei

jo / ne

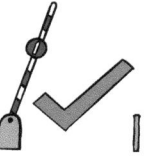

okei

Jo

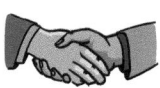

Tere!

Moin

tõlk

de Översetter

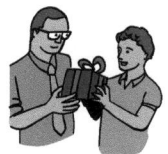

Aitäh!

Dank ok

Kui palju maksab ...?

Wat kost...?

Ma ei saa aru

Ik verstah nich

probleem

dat Problem

Tere õhtust!

Goden Avend

Tere hommikust!

Moin!

Head ööd!

Gode Nacht!

Head aega!

Tschüüs

suund

de Richt

pagas

de Bagaasch

kott

de Tasch

seljakott

de Rüchsack

külaline

de Gast

tuba

de Stuuv

magamiskott

de Slaapsack

telk

dat Telt

turismiinfo

Touristeninformatschoon

rand

de Strand

krediitkaart

de Kreditkoort

hommikusöök

dat Fröhstück

lõunasöök

dat Meddageten

õhtusöök

dat Avendeten

pilet

de Fohrkort

lift

de Fohrstohl

postmark

de Breefmark

riigipiir

de Grenz

toll

de Toll

saatkond

de Bottschop

viisa

dat Visum

pass

de Pass

transport

de Transport

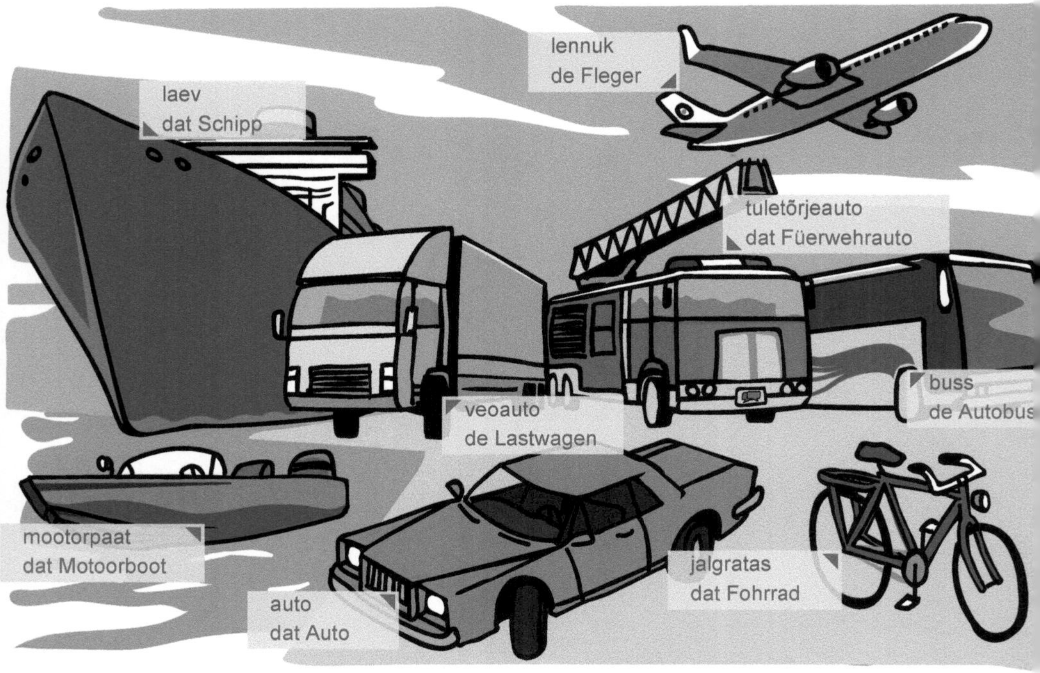
lennuk
de Fleger
laev
dat Schipp
tuletõrjeauto
dat Füerwehrauto
buss
de Autobus
veoauto
de Lastwagen
mootorpaat
dat Motoorboot
jalgratas
dat Fohrrad
auto
dat Auto

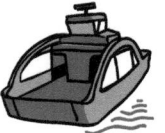

praam

de Fähr

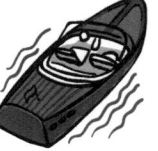

paat

dat Boot

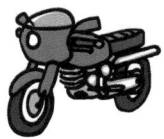

mootorratas

dat Motoorrad

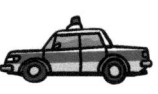

politseiauto

dat Polizeiauto

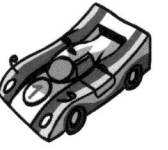

võidusõiduauto

dat Rönnauto

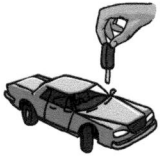

rendiauto

de Lehnwagen

ühisauto

dat Carsharing

puksiirauto

de Afsleepwagen

prügiauto

dat Müllauto

mootor

de Motoor

kütus

de Kraftstoff

tankla

de Tanksteed

liiklusmärk

dat Verkehrsschild

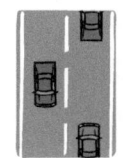

liiklus

de Verkehr

liiklusummik

de Stau

parkla

de Afstellplatz

raudteejaam

de Bahnhoff

rööpad

de Sporen

rong

de Tog

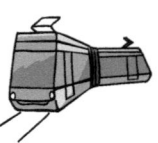

tramm

de Stratenbahn

vagun

de Wagon

helikopter
de Dwarsmöhl

lennujaam
de Flooghaven

torn
de Tower

reisija
de Fohrgast

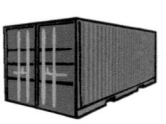

konteiner
de Grootkist

pappkast
de Karton

käru
de Koor

korv
de Korf

õhku tõusma / maanduma
starten / lannen

linn

de Stadt

küla
dat Dörp

kesklinn
de Binnenstadt

maja
dat Huus

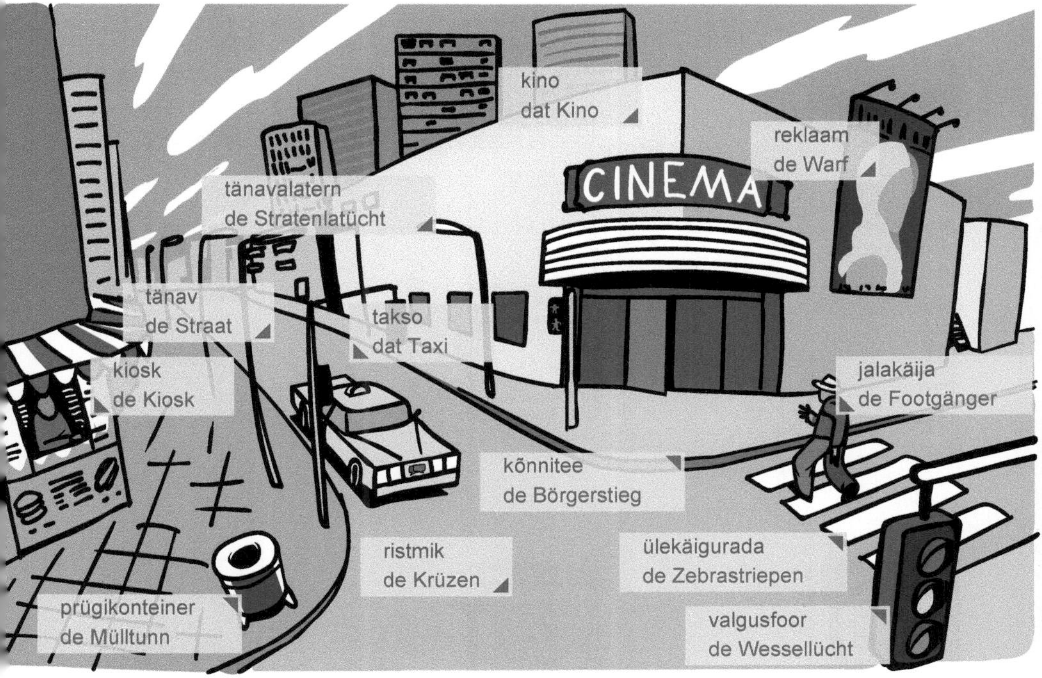

kino
dat Kino

reklaam
de Warf

tänavalatern
de Stratenlatücht

CINEMA

tänav
de Straat

takso
dat Taxi

kiosk
de Kiosk

jalakäija
de Footgänger

könnitee
de Börgerstieg

ristmik
de Krüzen

ülekäigurada
de Zebrastriepen

prügikonteiner
de Mülltunn

valgusfoor
de Wessellücht

osmik

de Hütt

kortermaja

de Wahnung

raudteejaam

de Bahnhoff

raekoda

dat Raathuus

muuseum

dat Museum

kool

de School

ülikool

de Universität

pank

de Bank

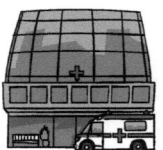

haigla

dat Krankenhuus

hotell

dat Hotel

apteek

de Afteek

kontor

dat Büro

raamatupood

de Bookhökerie

kauplus

de Hökerie

lillepood

de Blomenhökerie

supermarket

de Supermarkt

turg

de Markt

kaubamaja

dat Koophuus

kalapood

de Fischhökerie

kaubanduskeskus

dat Inkoopszentrum

sadam

de Haven

park
....
de Parkanlaag

pink
....
de Bank

sild
....
de Brüch

trepp
....
de Trepp

metroo
....
de Ünnergrundbahn

tunnel
....
de Tunnel

bussipeatus
....
de Busstoppsteed

baar
....
de Bar

restoran
....
dat Spieslokal

postkast
....
de Breefkassen

tänavasilt
....
dat Stratenschild

parkimisautomaat
....
de Parkklock

loomaaed
....
de Deertenpark

ujula
....
de Baadanstalt

mošee
....
de Moschee

talu
de Buernhoff

reostus
de Ümweltversmudden

surnuaed
de Karkhoff

kirik
de Kark

mänguväljak
de Speelplatz

tempel
de Tempel

maastik
de Landschop

leht
dat Blatt

teeviit
de Wiespahl

tee
de Weg

aas
de Wisch

kivi
de Steen

puu
de Boom

matkaja
de Wannerer

jõgi
de Fluss

rohi
dat Gras

lill
de Bloom

org
....
dat Daal

mägi
....
de Barg

järv
....
de See

mets
....
dat Holt

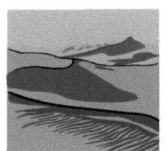

kõrb
....
de Wööst

vulkaan
....
de Füerspien Barg

linnus
....
dat Slott

vikerkaar
....
de Regenbagen

seen
....
de Poggenstohl

palm
....
de Palm

sääsk
....
de Steekmück

kärbes
....
de Fleeg

sipelgas
....
de Miegeemk

mesilane
....
de Imm

ämblik
....
de Spinn

mardikas

de Sebber

konn

de Pogg

orav

de Katteker

siil

de Swienegel

jänes

de Haas

öökull

de Uul

lind

de Vagel

luik

de Swaan

metssiga

dat Wildswien

hirv

de Hirsch

põder

de Elk

pais

de Staudamm

tuuleturbiin

dat Windrad

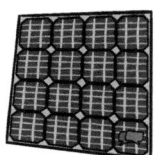

päikesepaneel

dat Solarmodul

kliima

dat Klima

restoran
dat Spieslokal

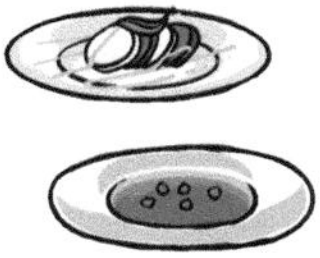

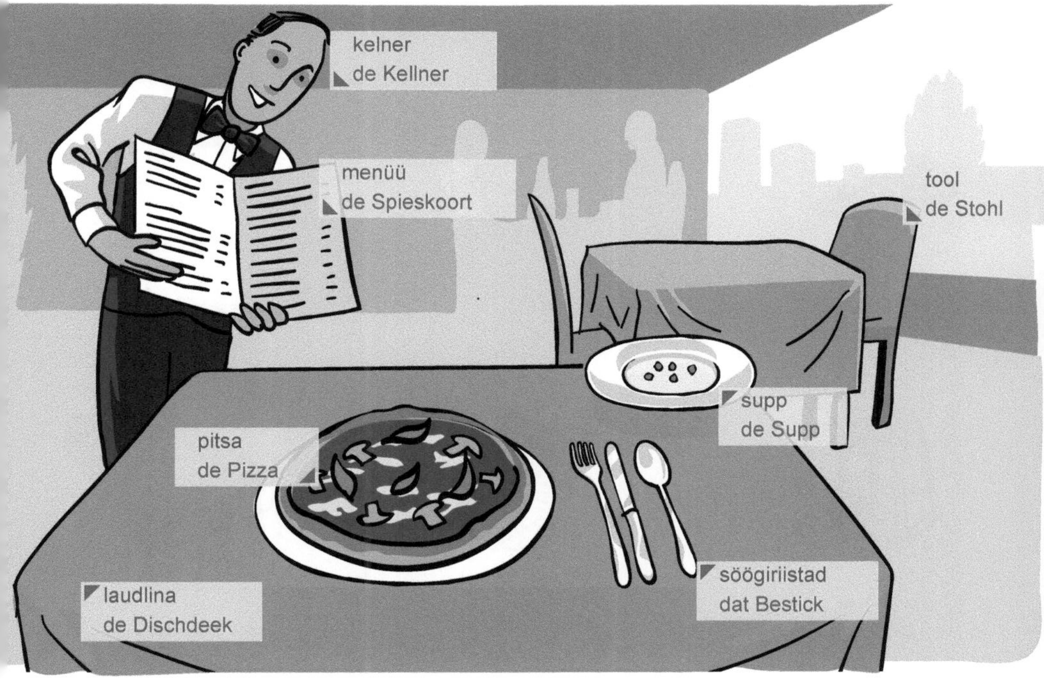
kelner
de Kellner
menüü
de Spieskoort
tool
de Stohl
supp
de Supp
pitsa
de Pizza
laudlina
de Dischdeek
söögiriistad
dat Bestick

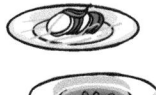

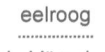

eelroog

de Vörspies

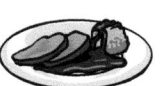

pearoog

dat Haupteten

magustoit

de Nadisch

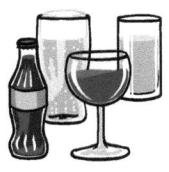

joogid

de Drünk

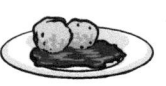

toit

dat Eten

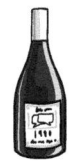

pudel

de Buddel

kiirtoit

dat Fastfood

tänavatoit

dat Strateneten

teekann

de Teekann

suhkrutoos

de Zuckerdoos

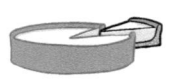

portsjon

de Portschoon

espressomasin

de Espressomaschien

lastetool

de Hoochstohl

arve

de Reken

kandik

dat Tablett

nuga

dat Mess

kahvel

de Gavel

lusikas

de Lepel

teelusikas

de Teelepel

salvrätik

dat Munddook

klaas

dat Glas

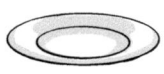

taldrik
de Töller

supitaldrik
de Suppentöller

alustass
de Ünnertass

kaste
de Sooß

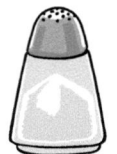

soolatoos
de Soltstreuer

pipraveski
de Pepermöhl

äädikas
de Etig

õli
dat Ööl

vürtsid
de Krüder

ketšup
de Ketchup

sinep
de Mostrich

majonees
de Mayonnaise

supermarket
de Supermarkt

eripakkumine
dat Anbott
FOR
klient
de Kunn
piimatooted
de Melkprodukten
puuviljad
dat Aaft
ostukäru
de Inkoopswagen

BUTCHERS

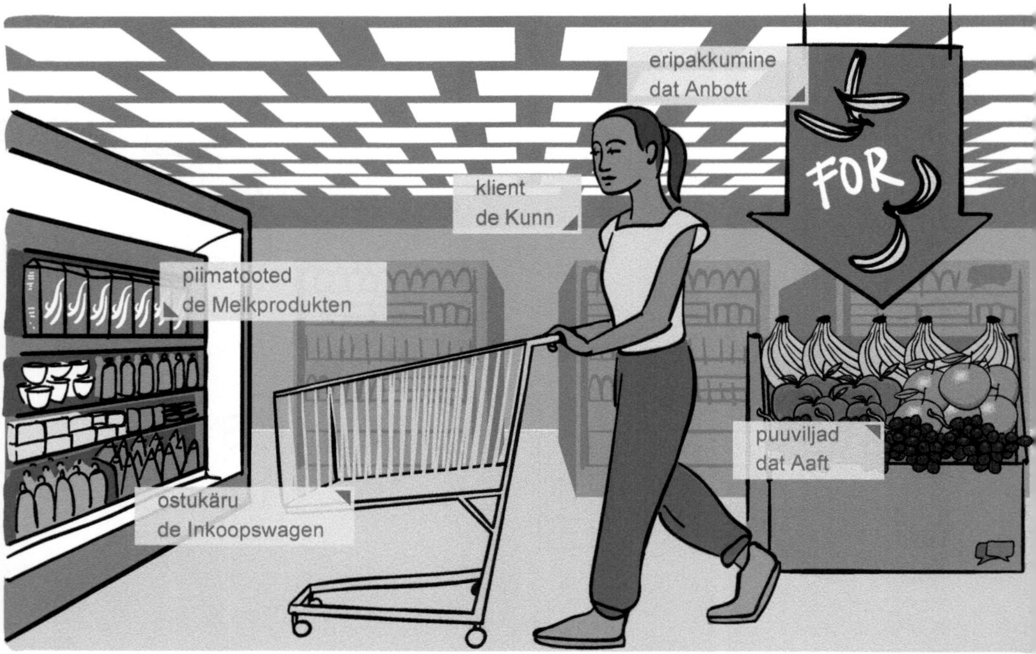

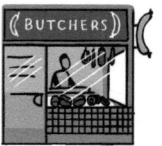

lihapood

de Slachterie

BAKERY

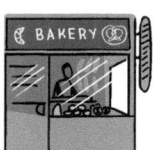

pagariäri

de Bäckerie

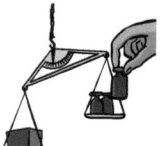

kaaluma

wegen

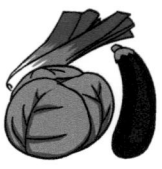

köögiviljad

de Gröönsaken

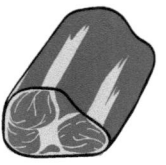

liha

dat Fleesch

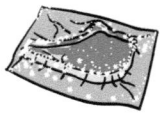

külmutatud toit

de Deepköhlkost

lihalõigud

de Opsnitt

konservid

de Konserven

pesupulber

de Waschmiddel

maiustused

de Snoopkraam

majatarbed

de Huushooltssaken

puhastustooted

de Reinmaaktüüch

müüja

de Verköpersche

kassaaparaat

de Kass

kassapidaja

de Kasserer

ostunimekiri

de Inkoopslist

lahtiolekuajad

de Opsparrtieden

rahakott

de Breeftasch

krediitkaart

de Kreditkoort

kott

de Tasch

kilekott

de Plastiktüüt

vesi

dat Water

mahl

de Saft

piim

de Melk

koola

de Cola

vein

de Wien

õlu

dat Beer

alkohol

de Spriet

kakao

de Kakao

tee

de Tee

kohv

de Koffie

espresso

de Espresso

cappuccino

de Cappucino

banaan

de Banaan

õun

de Appel

apelsin

de Appelsien

arbuus

de Meloon

sidrun

de Zitroon

porgand

de Wöttel

küüslauk

de Knuuvlook

bambus

de Bambus

sibul

de Zibbel

seen

de Poggenstohl

pähklid

de Nööt

nuudlid

de Nudeln

spagetid

de Spaghetti

riis

de Ries

salat

de Salat

friikartulid

de Pommes frites

praekartulid

de Braadkantüffeln

pitsa

de Pizza

hamburger

de Hamborger

võileib

dat Sandwich

šnitsel

dat Snitzel

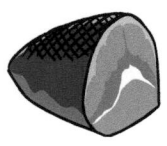

sink

de Schinken

salaami

de Salami

vorst

de Wust

kana

dat Hohn

praeliha

de Braden

kala

de Fisch

kaerahelbed

de Haverflocken

müsli

dat Müsli

maisihelbed

de Cornflakes

jahu

dat Mehl

sarvesai

de Croissant

kukkel

dat Rundstück

leib

dat Broot

röstsai

dat Toast

küpsised

de Keksen

või

de Botter

kohupiim

de Quark

kook

de Koken

muna

dat Ei

praemuna

dat Spegelei

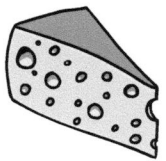

juust

de Kees

jäätis

de Ies

suhkur

de Zucker

mesi

de Honnig

moos

de Marmelaad

pähklivõie

de Nougat-Creme

karri

dat Curry

talu

de Buernhoff

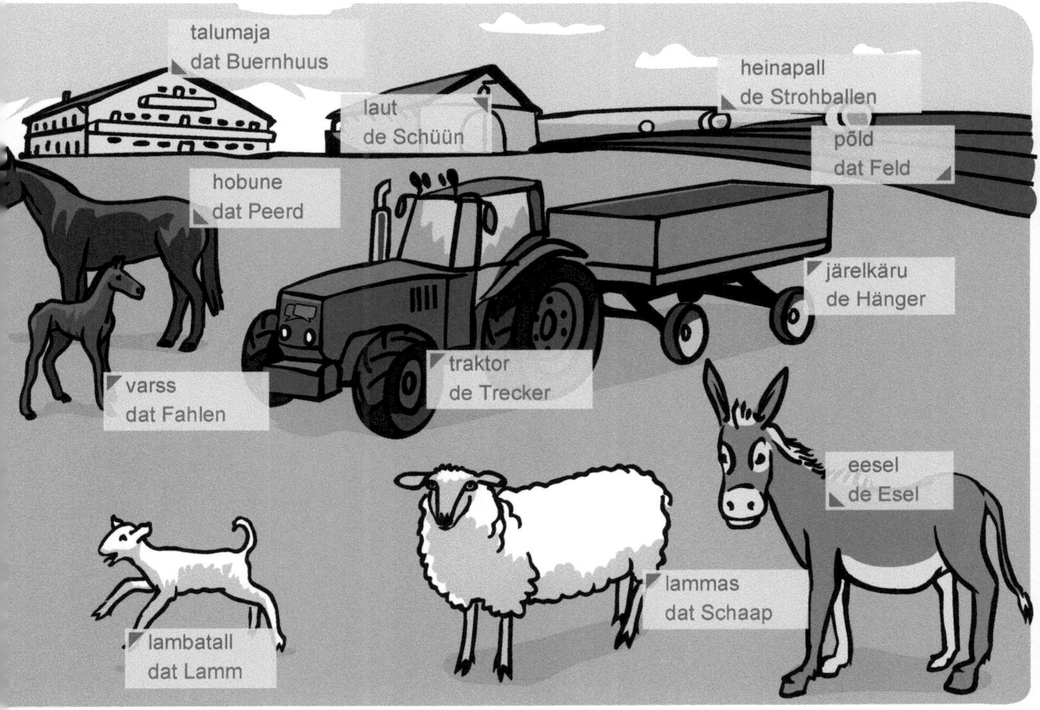
talumaja
dat Buernhuus
laut
de Schüün
heinapall
de Strohballen
põld
dat Feld
hobune
dat Peerd
järelkäru
de Hänger
traktor
de Trecker
varss
dat Fahlen
eesel
de Esel
lammas
dat Schaap
lambatall
dat Lamm

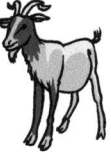

kits

de Zeeg

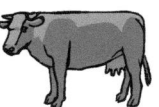

lehm

de Koh

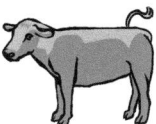

vasikas

dat Kalf

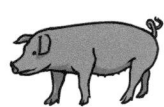

siga

dat Swien

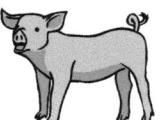

põrsas

dat Farken

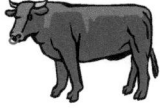

pull

de Bull

hani

de Goos

part

de Aant

tibu

dat Küken

kana

dat Hohn

kukk

de Hahn

rott

de Rott

kass

de Katt

hiir

de Muus

härg

de Oss

koer

de Hund

koerakuut

de Hunnenhütt

aiavoolik

de Goornslauch

kastekann

de Geetkann

vikat

de Lee

ader

de Ploog

sirp

de Sich

kõblas

de Hack

hang

de Mestfork

kirves

de Ext

käru

de Schuufkoor

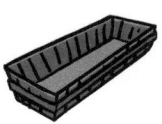

küna

de Trog

piimanõu

de Melkkann

kott

de Sack

tara

de Tuun

tall

de Stall

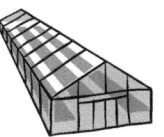

kasvuhoone

dat Drievhuus

muld

de Bodden

seeme

de Saat

väetis

de Dünger

kombain

de Meihdöscher

saaki koristama
oornen

saagikoristus
de Oorn

jamss
de Yamswöttel

nisu
de Weten

soja
dat Soja

kartul
de Kantüffel

mais
de Törksche Weten

raps
de Rapp

viljapuu
de Aaftboom

maniokk
de Troopsch Kantüffel

teravili
dat Koorn

maja
dat Huus

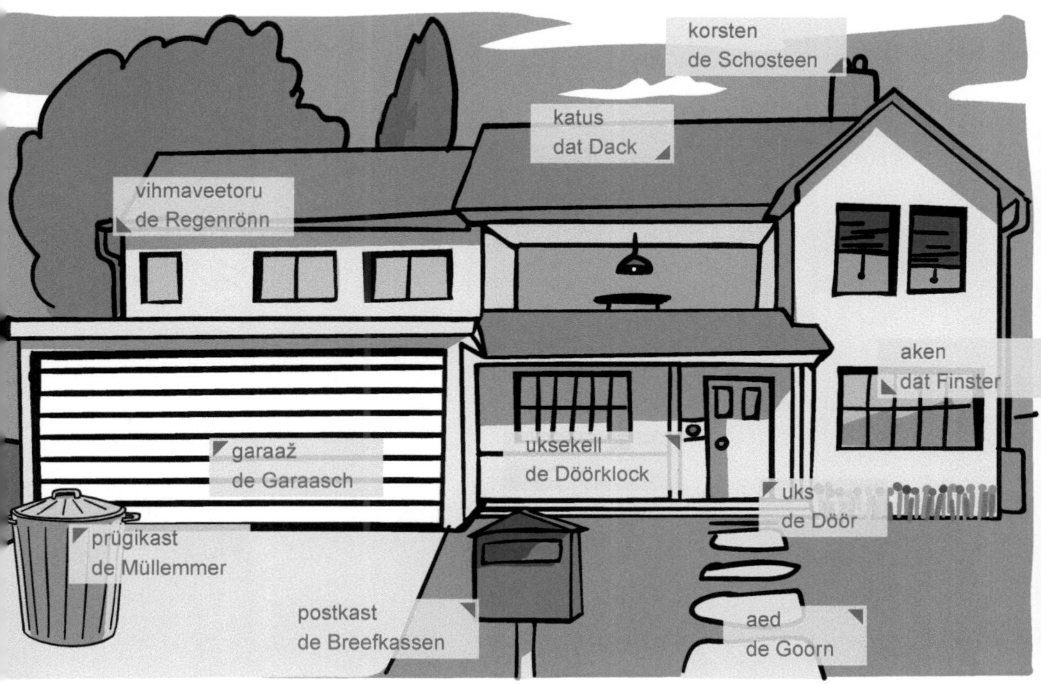
korsten
de Schosteen
katus
dat Dack
vihmaveetoru
de Regenrönn
aken
dat Finster
garaaž
de Garaasch
uksekell
de Döörklock
uks
de Döör
prügikast
de Müllemmer
postkast
de Breefkassen
aed
de Goorn

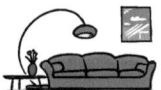

elutuba

de Wahnstuuv

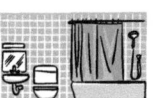

vannituba

de Baadstuuv

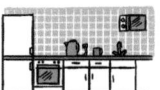

köök

de Köök

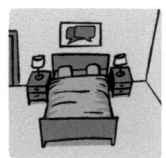

magamistuba

de Slaapstuuv

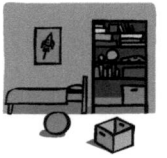

lastetuba

de Kinnerstuuv

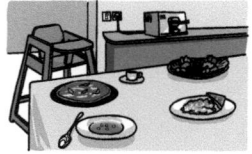

söögituba

de Eetstuuv

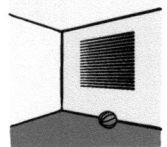

põrand

de Footbodden

sein

de Wand

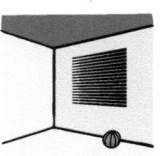

lagi

de Deek

kelder

de Keller

saun

dat Hittluftbad

rõdu

de Balkon

terrass

de Terrass

bassein

dat Swümmbad

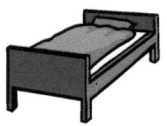

muruniiduk

de Rasenmeiher

voodilina

de Bettbetog

päevatekk

de Bettdeek

voodi

de Puuch

luud

de Bessen

ämber

de Emmer

lüliti

de Schalter

elutuba
de Wahnstuuv

tapeet
de Tapeet
pilt
dat Bild
lamp
de Lamp
riiul
dat Regal
kapp
dat Schapp
televiisor
de Kiekkassen
kamin
de Kamin
lill
de Bloom
padi
dat Küssen
diivan
dat Sofa
vaas
de Vaas
kaugjuhtimispult
de Feernbedenen

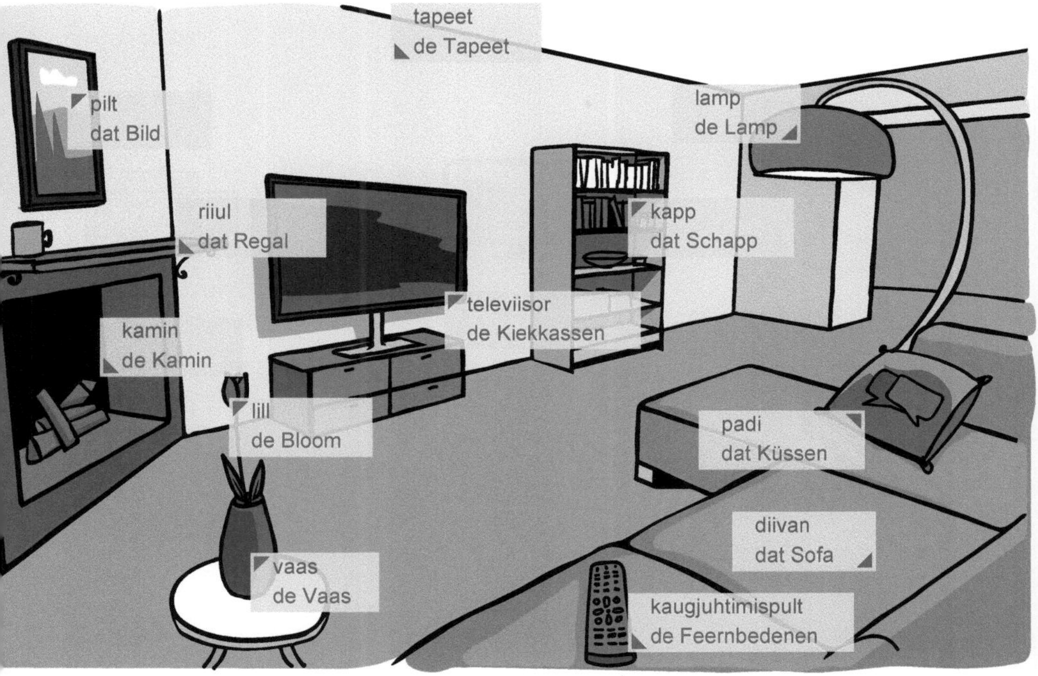

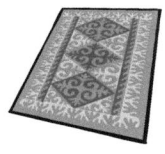

vaip

de Teppich

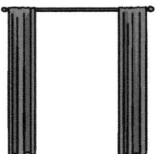

kardin

de Vörhang

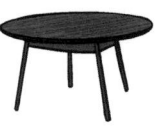

laud

de Disch

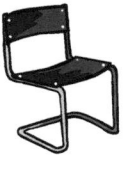

tool

de Stohl

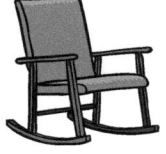

kiiktool

de Schuckelstohl

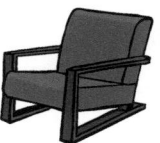

tugitool

de Sessel

raamat
dat Book

tekk
de Deek

kaunistus
de Dekoratschoon

küttepuud
dat Füerholt

film
de Film

helisüsteem
de Stereoanlaag

võti
de Slötel

ajaleht
dat Narichtenblatt

maal
dat Gemälde

plakat
dat Poster

raadio
dat Radio

märkmik
de Opschrievblock

tolmuimeja
de Huulbessen

kaktus
de Kaktus

küünal
de Kars

köök

de Köök

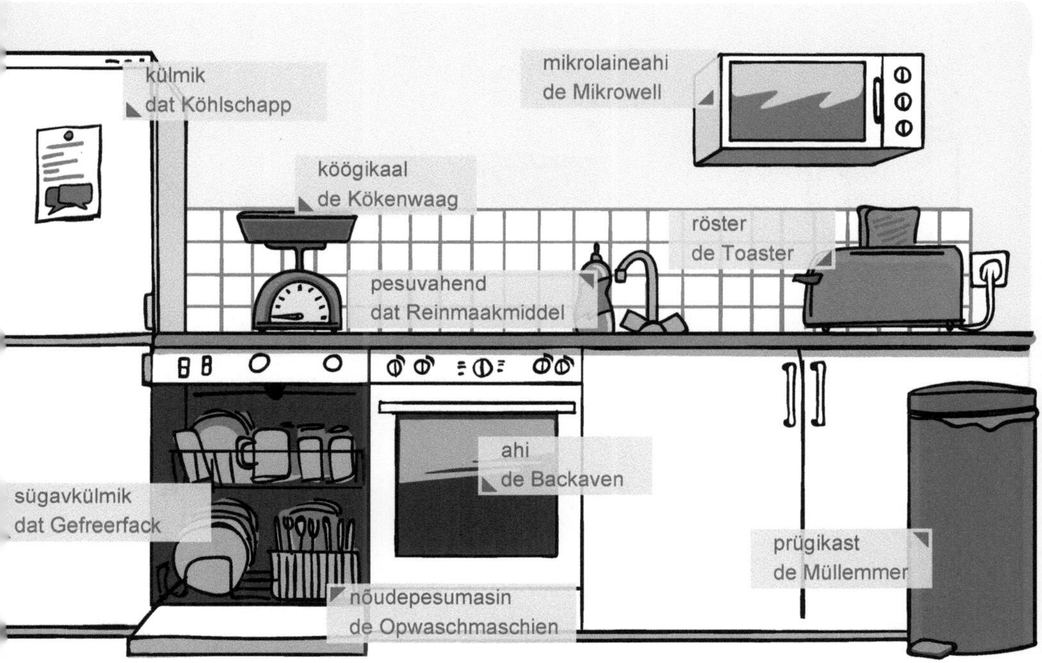

külmik
dat Köhlschapp
mikrolaineahi
de Mikrowell
köögikaal
de Kökenwaag
röster
de Toaster
pesuvahend
dat Reinmaakmiddel
ahi
de Backaven
sügavkülmik
dat Gefreerfack
prügikast
de Müllemmer
nõudepesumasin
de Opwaschmaschien

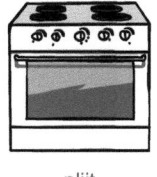

pliit
....
de Heerd

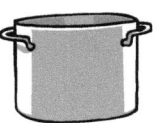

pott
....
de Pott

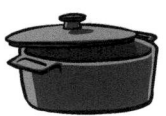

malmpott
....
de Gussiesern Putt

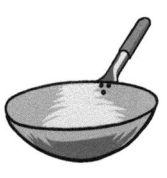

vokkpann
....
de Wok / Kadai

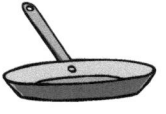

pann
....
de Pann

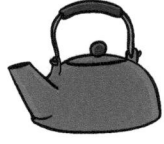

veekeetja
....
de Waterkaker

aurutaja

de Dampkaakputt

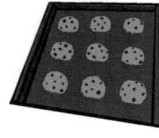

küpsetusplaat

dat Backblick

lauanõud

dat Geschirr

kruus

de Beker

kauss

de Schaal

söögipulgad

de Eetsticken

kulp

de Suppenkell

pannilabidas

de Pannenwenner

vispel

de Sneebessen

kurn

dat Kaakseef

sõel

dat Seef

riiv

de Riev

uhmer

de Mörser

grill

de Grill

lahtine tuli

de Füerstell

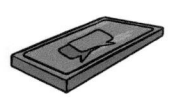

lõikelaud

dat Sniedbrett

tainarull

dat Nudelholt

korgitser

de Proppentrecker

konservipurk

de Doos

konserviavaja

de Dosenaapner

pajakinnas

de Pottlappen

kraanikauss

dat Waschbecken

hari

de Böst

pesukäsn

de Swamm

kannmikser

de Mixer

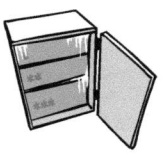

sügavkülmuti

dat Iesschapp

lutipudel

de Nuckelbuddel

segisti

de Waterhahn

vannituba

de Baadstuuv

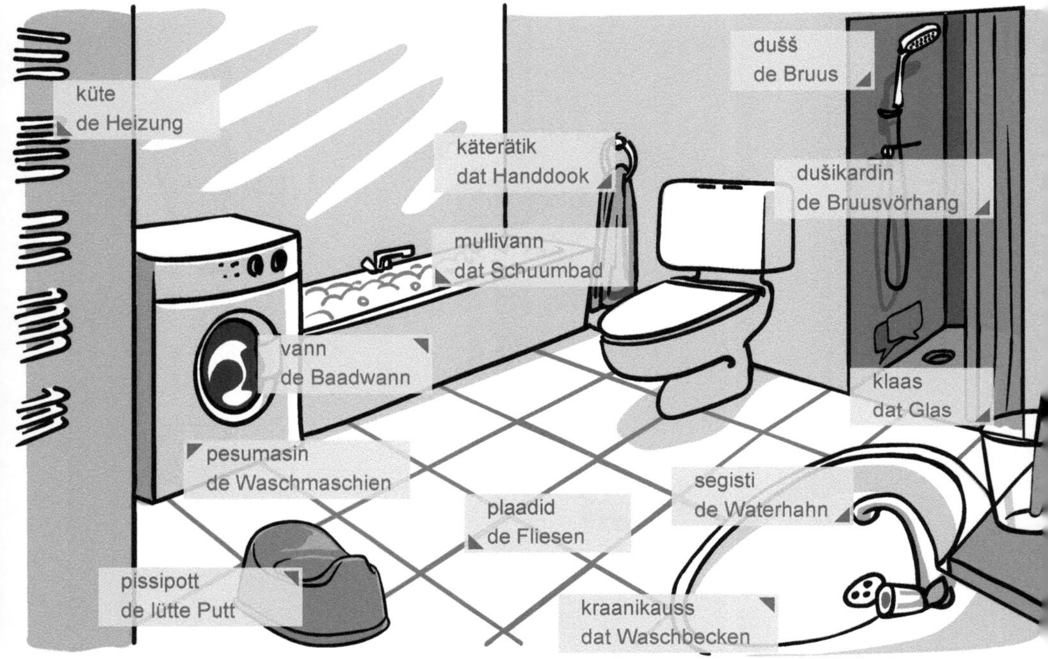

küte
de Heizung
dušš
de Bruus
käterätik
dat Handdook
dušikardin
de Bruusvörhang
mullivann
dat Schuumbad
vann
de Baadwann
klaas
dat Glas
pesumasin
de Waschmaschien
segisti
de Waterhahn
plaadid
de Fliesen
pissipott
de lütte Putt
kraanikauss
dat Waschbecken

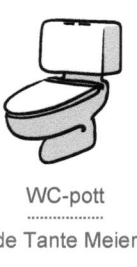

WC-pott

de Tante Meier

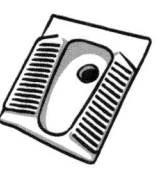

kükitamistualett

de Hockklo

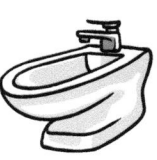

bidee

dat Bidet

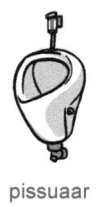

pissuaar

dat Miegbecken

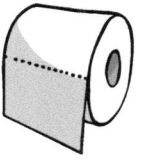

tualettpaber

dat Klopapeer

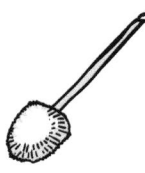

WC-hari

de Kloböst

hambahari
de Tähnböst

hambapasta
de Tähnpast

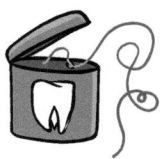

hambaniit
de Tähnsied

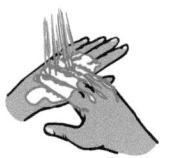

pesema
waschen

käsidušš
de Handbruus

intiimdušš
de Intimbruus

pesukauss
de Waschschöttel

seljahari
de Rüchböst

seep
de Seep

dušigeel
dat Bruusgeel

šampoon
dat Hoorwaschmiddel

vamm
de Waschlappen

äravool
de Afloop

kreem
de Creme

deodorant
dat Deodorant

peegel

de Spegel

käsipeegel

de Kosmetikspegel

habemenuga

de Raserer

raseerimisvaht

de Raseerschuum

habemevesi

dat Raseerwater

kamm

de Kamm

hari

de Böst

föön

de Hoordröger

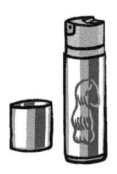

juukselakk

dat Hoorspray

meigikomplekt

de Smink

huulepulk

de Lippensticken

küünelakk

de Nagellack

vatt

de Watt

küünekäärid

de Nagelscheer

parfüüm

dat Rüükwater

tualett-tarvete kott
....
de Kulturbüdel

taburet
....
de Schemel

kaal
....
de Waag

hommikumantel
....
de Baadmantel

kummikindad
....
de Gummihanschen

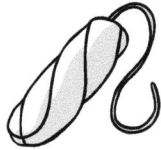

tampoon
....
de Tampon

hügieeniside
....
de Damenbinn

keemiline tualett
....
dat Chemieklo

lastetuba

de Kinnerstuuv

äratuskell
de Wecker
pehme mänguasi
dat Knudeldeert
mänguauto
dat Speeltüüchauto
kõristi
de Klöter
nukumaja
dat Poppenhuus
kingitus
dat Geschenk

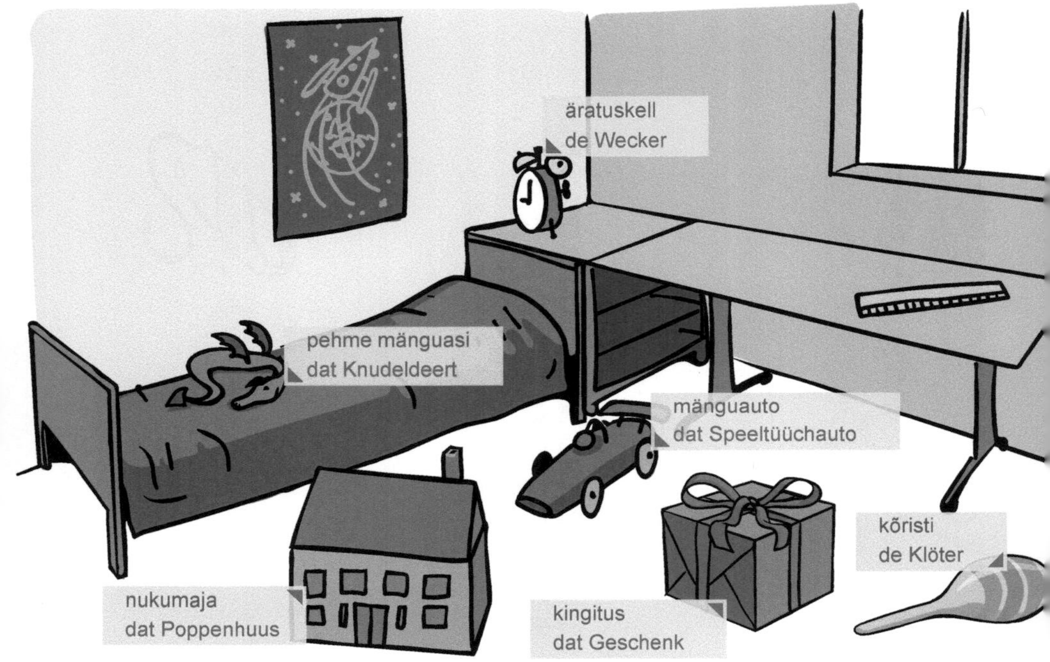

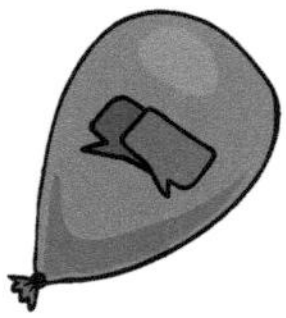

õhupall

de Luftballon

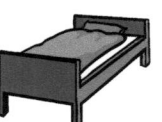

voodi

de Puuch

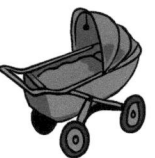

lapsevanker

de Kinnerwagen

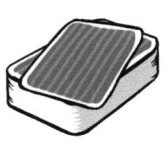

kaardipakk

dat Koortenspeel

pusle

dat Puzzle

SUPER
MEGA

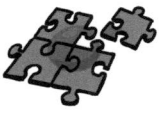

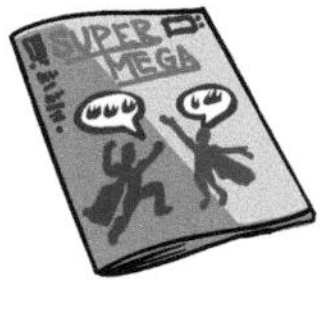

koomiks

de Billergeschicht

Lego klotsid

de Legostenen

klotsid

de Bustenen

kujuke

de Action-Figur

siputuspüksid

de Strampelantog

lendav taldrik

de Frisbeeschiev

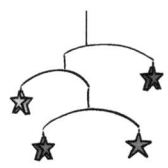

voodikarussell

dat Mobile

lauamäng

dat Brettspeel

täringud

de Wörpel

mudelrong

de Modelliesenbahn

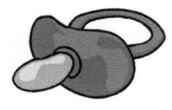

lutt

de Snuller

pidu

de Party

pildiraamat

dat Billerbook

pall

de Ball

nukk

de Popp

mängima

spelen

liivakast

de Sandkassen

kiik

de Schuckel

mänguasjad

dat Speeltüüch

mängukonsool

de Speelkonsool

kolmerattaline jalgratas

dat Dreerad

mängukaru

de Teddyboor

riidekapp

dat Klederschapp

riietus

dat Tüüch

sokid

de Socken

sukad

de Strümp

sukkpüksid

de Strumpbüx

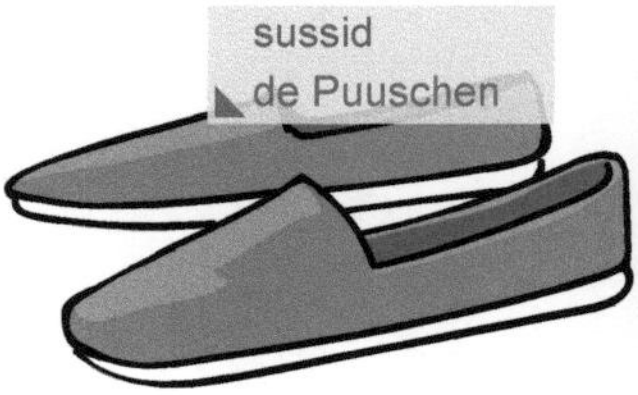

sall
dat Halsdook

vihmavari
de Paraplü

T-särk
dat T-Shirt

vöö
de Liefreem

sussid
de Puuschen

saapad
de Stevel

tossud
de Turnschoh

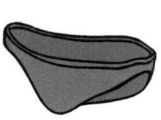

sandaalid
de Sandalen

jalatsid
de Schoh

kummikud
de Gummistevel

aluspüksid
de Ünnerbüx

rinnahoidja
de Bostholler

vest
dat Ünnerhemd

bodi

de Lief

püksid

de Büx

teksapüksid

de Jeansnüx

seelik

de Rock

pluus

de Bluus

särk

dat Hemd

sviiter

de Pullover

dressipluus

de Kapuzenpullover

bleiser

de Blazer

jakk

de Jack

mantel

de Mantel

vihmamantel

de Övertrecker

kostüüm

dat Kostüm

kleit

dat Kleed

pulmakleit

dat Hochtietskleed

ülikond

de Antog

öösärk

dat Nachtkleed

pidžaama

de Slaapantog

sari

de Sari

pearätt

dat Koppdook

turban

de Turban

burka

de Burka

kaftan

de Kaftan

abayah

de Abaya

ujumistrikoo

de Baadantog

ujumispüksid

de Baadbüx

lühikesed püksid

de Korte Büx

dressid

de Antog to'n Öven

põll

de Schört

kindad

de Handschoh

nööp

de Knopp

prillid

de Brill

käevõru

dat Armband

kaelakee

de Halskeed

sõrmus

de Ring

kõrvarõngas

de Ohrbummel

nokamüts

de Mütz

riidepuu

de Klederbögel

kaabu

de Hoot

lips

de Binner

tõmblukk

de Rietslüter

kiiver

de Helm

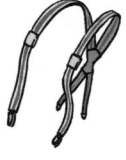

traksid

dat Drachtband

koolivorm

de Schooluniform

vormirõivad

de Uniform

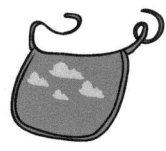

pudipõll

de Severböten

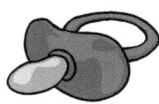

lutt

de Snuller

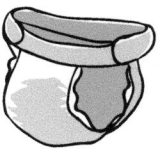

mähe

de Winnel

kontor

dat Büro

server
de Server
arhiivikapp
dat Aktenschapp
printer
de Drucker
aber
at Papeer
monitor
de Bildschirm
hiir
de Muus
kirjutuslaud
de Schrievdisch
kaust
de Orner
klaviatuur
dat Knoopboord
tool
de Stohl
paberikorv
de Papeerkorf
arvuti
de Computer

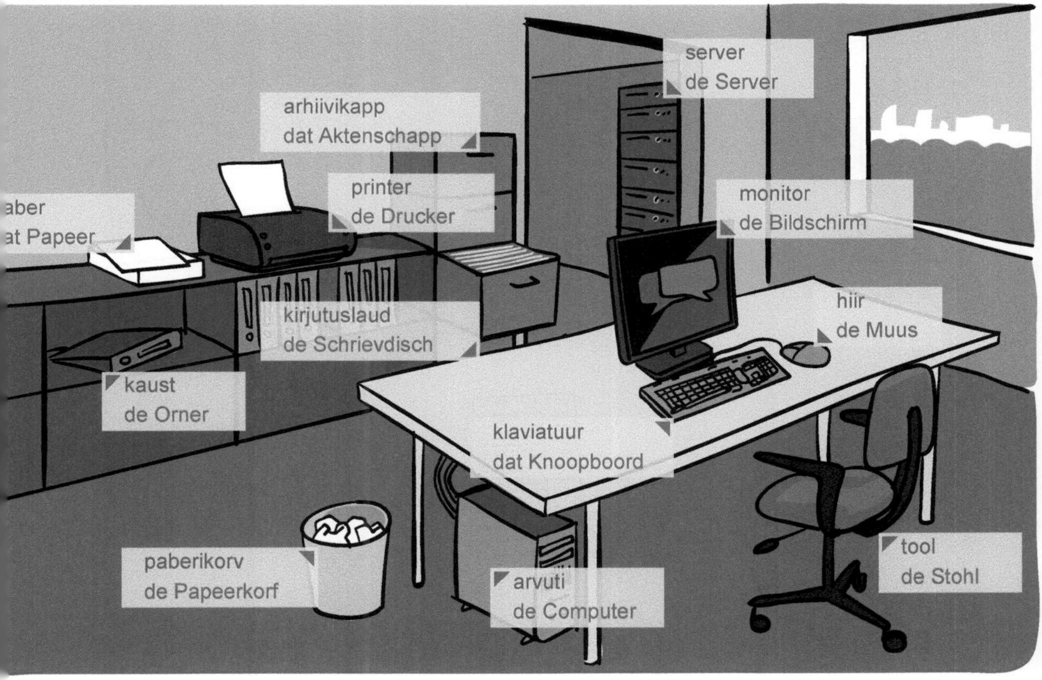

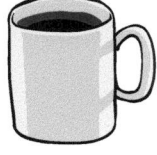

kohvikruus

de Koffiebeker

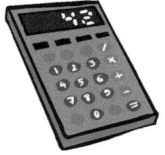

kalkulaator

de Taschenreekner

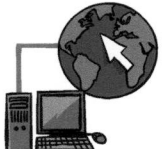

internet

dat Internet

sülearvuti

de Klappreekner

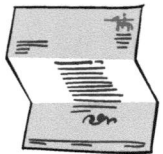

kiri

de Breef

sõnum

de Naricht

mobiiltelefon

de Ackersnacker

võrk

dat Nettwark

koopiamasin

de Kopeerapparat

tarkvara

de Software

telefon

de Klöönkassen

pistikupesa

de Steekdoos

faksimasin

de Faxapparat

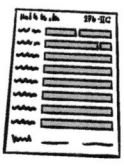

vorm

dat Formulor

dokument

dat Dokument

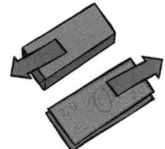

ostma

köpen

maksma

betahlen

vahetama

hanneln

raha

dat Geld

dollar

de Dollar

euro

de Euro

jeen

de Yen

rubla

de Ruvel

Šveitsi frank

de Swiezer Franken

renminbi jüaan

de Renminbi Yuan

ruupia

de Rupie

sularahaautomaat

de Geldautomat

valuutavahetuspunkt

de Wesselstuuv

kuld

dat Gold

hõbe

dat Sülver

nafta

dat Ööl

energia

de Energie

hind

de Pries

leping

de Verdrag

maks

de Stüer

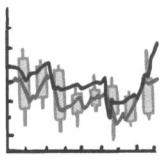

aktsia

de Andeelschien

töötama

arbeiden

töötaja

de Anstellte

tööandja

de Arbeitgever

tehas

de Fabrik

kauplus

de Hökerie

ametid
de Profeschonen

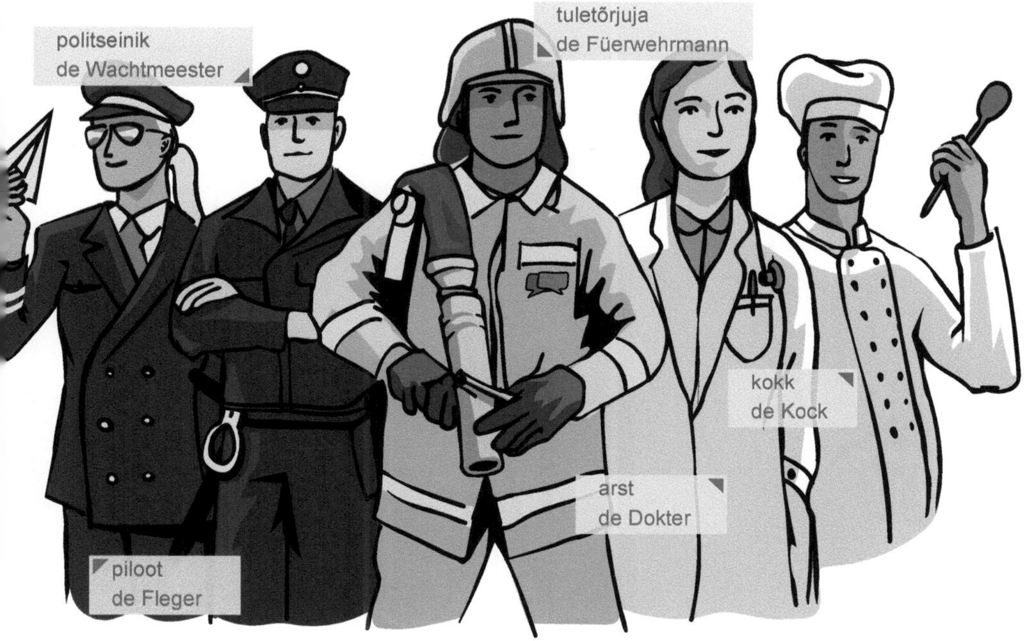
politseinik
de Wachtmeester
tuletõrjuja
de Füerwehrmann
kokk
de Kock
arst
de Dokter
piloot
de Fleger

aednik

de Goorner

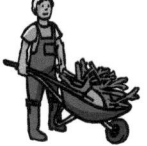

puusepp

de Discher

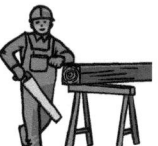

õmbleja

de Neihersche

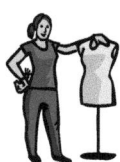

kohtunik

de Richter

keemik

de Chemiker

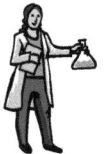

näitleja

de Schauspeler

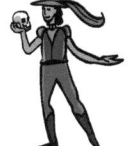

bussijuht

de Busfohrer

taksojuht

de Taxifohrer

kalamees

de Fischer

koristaja

de Reinmaakfru

katusepaigaldaja

de Dackdecker

kelner

de Kellner

jahimees

de Jäger

maaler

de Maler

pagar

de Bäcker

elektrik

de Elektriker

ehitaja

de Buarbeider

insener

de Ingenieur

lihunik

de Slachter

torumees

de Klempner

postiljon

de Postbüdel

sõdur

de Suldat

arhitekt

de Architekt

kassapidaja

de Kasserer

lillemüüja

de Florist

juuksur

de Putzbüdel

piletikontrolör

de Schaffner

mehaanik

de Mechaniker

kapten

de Kaptein

hambaarst

de Tähndokter

teadlane

de Wetenschopler

rabi

de Rabbi

imaam

de Imam

munk

de Mönk

preester

de Paap

tööriistad
dat Warktüüch

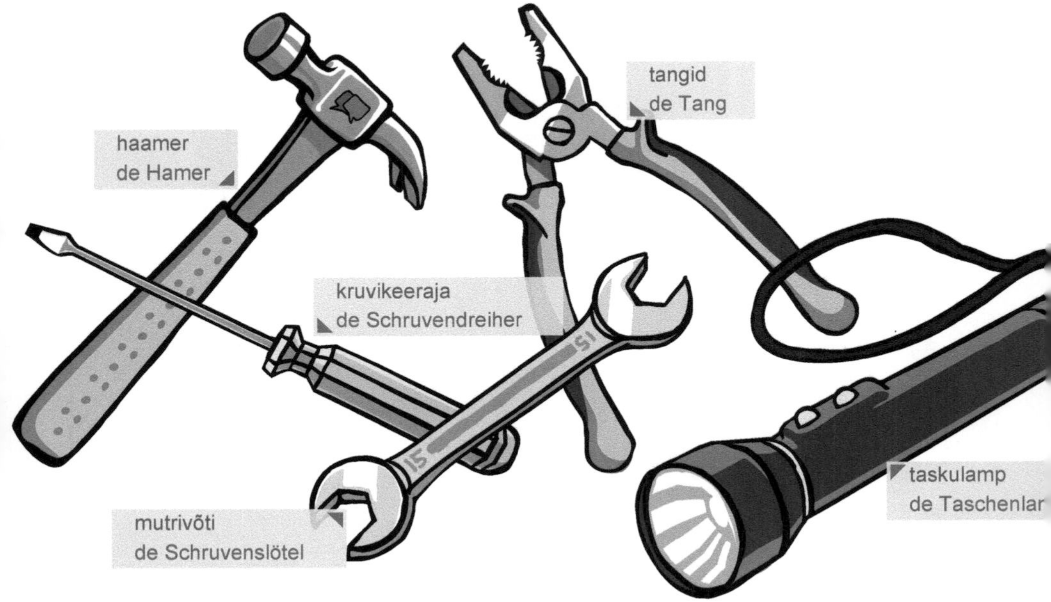
tangid
de Tang
haamer
de Hamer
kruvikeeraja
de Schruvendreiher
taskulamp
de Taschenlar
mutrivõti
de Schruvenslötel

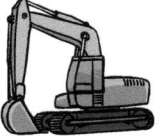

ekskavaator
de Grieper

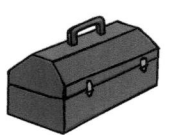

tööriistakast
de Warktüüchkassen

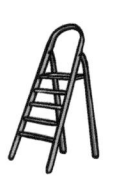

redel
de Ledder

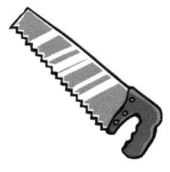

saag
de Saag

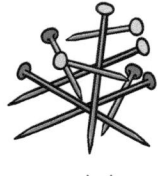

naelad
de Nagels

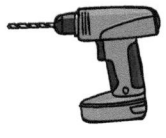

trell
de Bohrer

parandama
heelmaken

labidas
de Schüffel

Põrgusse!
Schiet!

kühvel
dat Kehrblick

värvipott
de Farvpott

kruvid
de Schruven

pillid
de Musikinstrumenten

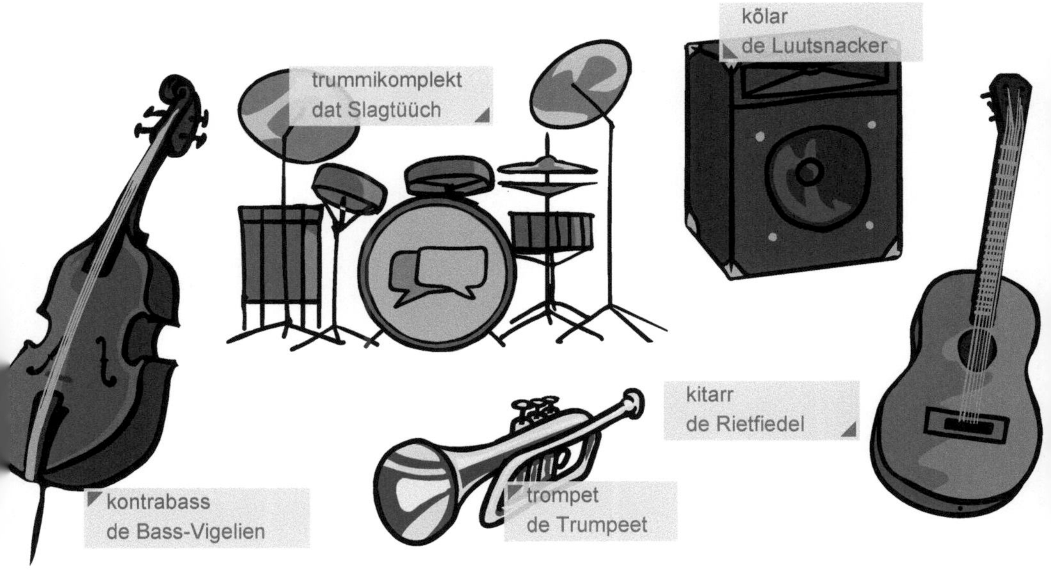

kõlar
de Luutsnacker

trummikomplekt
dat Slagtüüch

kitarr
de Rietfiedel

kontrabass
de Bass-Vigelien

trompet
de Trumpeet

klaver

dat Klaveer

viiul

de Vigelien

bass

de Bass

timpan

de Pauk

trummid

de Trummeln

süntesaator

dat Keyboard

saksofon

dat Saxophon

flööt

de Fleut

mikrofon

dat Mikrofoon

loomaaed

de Deertenpark

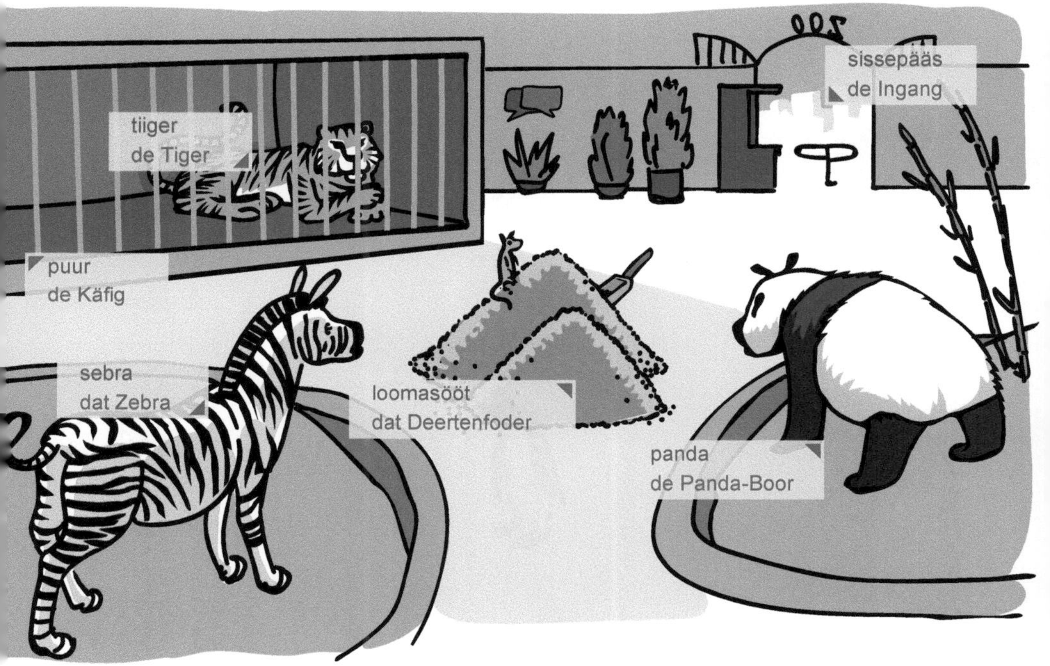

sissepääs
de Ingang
tiiger
de Tiger
puur
de Käfig
sebra
dat Zebra
loomasööt
dat Deertenfoder
panda
de Panda-Boor

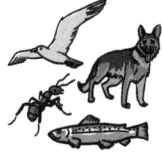

loomad

de Deerten

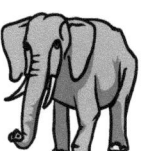

elevant

de Elefant

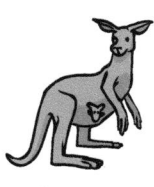

känguru

dat Känguru

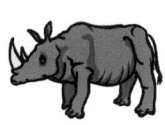

ninasarvik

dat Neeshoorn

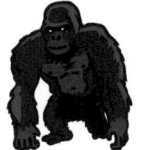

gorilla

de Gorilla

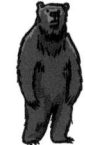

karu

de Boor

kaamel

dat Kameel

jaanalind

de Struuß

lõvi

de Lööv

ahv

de Aap

flamingo

de Flamingo

papagoi

de Papagoi

jääkaru

de Iesboor

pingviin

de Pinguin

hai

de Haifisch

paabulind

de Pageluun

madu

de Slang

krokodill

dat Krokodil

loomaaiatalitaja

de Oppasser in'n
Deertenpark

hüljes

de Saalhund

jaaguar

de Jaguor

poni
dat Pony

leopard
de Leopard

jõehobu
dat Nilpeerd

kaelkirjak
de Giraff

kotkas
de Aadler

metssiga
dat Wildswien

kala
de Fisch

kilpkonn
de Schildkrööt

morsk
dat Walross

rebane
de Voss

gasell
de Gazell

Ameerika jalgpall
de Amerikaansch Football

jalgrattasõit
dat Radfohren

tennis
dat Tennis

korvpall
de Korfball

ujumine
dat Swümmen

poksimine
dat Boxen

jäähoki
dat Ieshockey

jalgpall
de Football

sulgpall
dat Fedderball

kergejõustik
de Leichtathletik

käsipall
de Handball

suusatamine
dat Skilopen

polo
dat Polo

hüppama
springen

naerma
lachen

kallistama
ümarmen

jalutama
gahn

laulma
singen

unistama
drömen

palvetama
beden

suudlema
snuteln

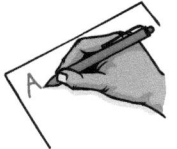

kirjutama

schrieven

joonistama

teken

näitama

wiesen

lükkama

drücken

andma

geven

võtma

nehmen

omama

hebben

tegema

doon

olema

sien

seisma

stahn

jooksma

lopen

tõmbama

trecken

viskama

smieten

kukkuma

fallen

lamama

liggen

ootama

töven

kandma

dregen

istuma

sitten

riidesse panema

antrecken

magama

slapen

ärkama

opwaken

vaatama

ankieken

nutma

wenen

paitama

eien

kammima

kämmen

rääkima

snacken

aru saama

verstahn

küsima

fragen

kuulama

hören

jooma

drinken

sööma

eten

korrastama

oprümen

armastama

leefhebben

süüa tegema

kaken

sõitma

fohren

lendama

flegen

purjetama

segeln

arvutama

reken

lugema

lesen

õppima

lehren

töötama

arbeiden

abielluma

de Plünnen tohoopsmieten

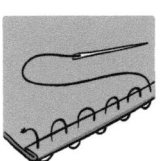

õmblema

neihen

hambaid pesema

Tähnen putzen

tapma

dootmaken

suitsetama

smöken

saatma

schicken

naema
Grootmoder

vanaisa
de Grootvadder

isa
de Vadder

ema
de Moder

Winnelkind

tütar
de Dochter

poeg
de Söhn

külaline
de Gast

tädi
de Tant

onu
de Unkel

vend
de Broder

õde
de Süster

keha

de Lief

otsmik
de Vörkopp
silm
dat Oog
õlg
de Schuller
sõrm
de Finger
nägu
dat Gesicht
lõug
dat Kinn
käsi
de Hand
jalg
dat Been
rind
de Bost
käsivars
de Arm

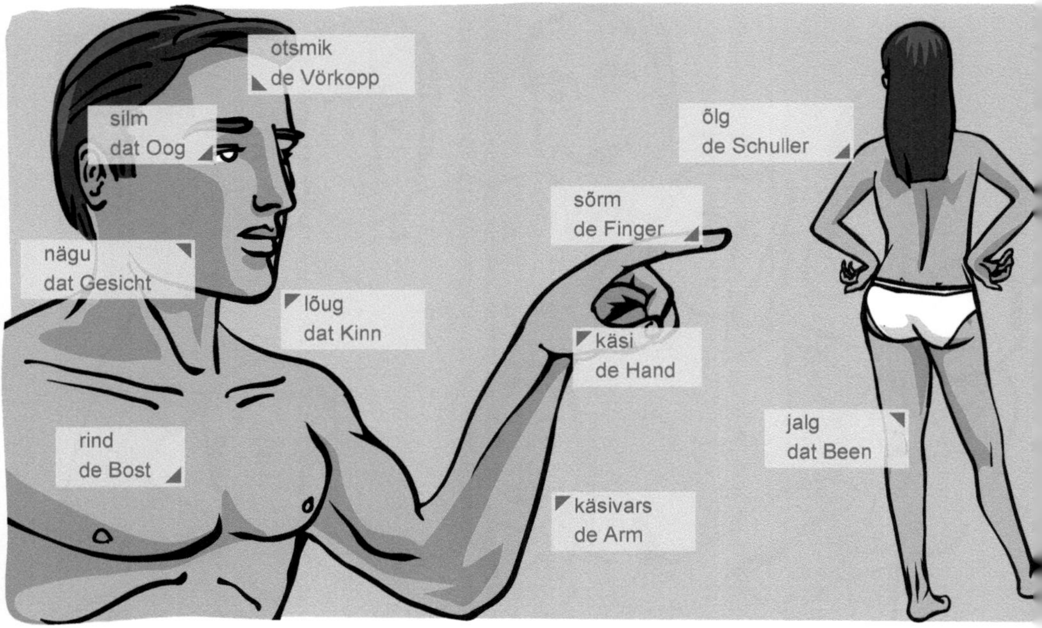

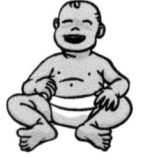

imik

dat Winnelkind

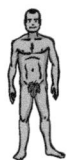

mees

de Mann

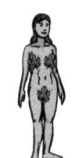

naine

de Fro

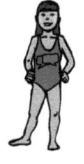

tüdruk

de Deern

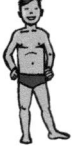

poiss

de Jung

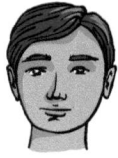

pea

de Arm

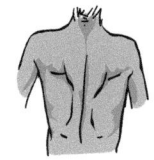

selg
de Rüch

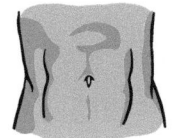

kõht
de Buuk

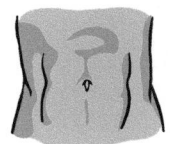

naba
de Navel

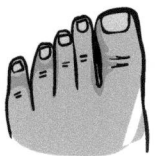

varvas
de Teh

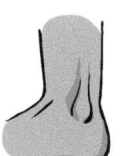

kand
de Hack

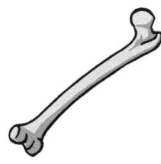

luu
de Knaken

puus
de Hüft

põlv
dat Knee

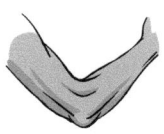

küünarnukk
de Ellbagen

nina
de Nees

tagumik
de Achtersen

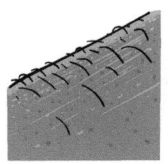

nahk
de Huut

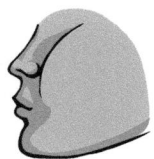

põsk
de Back

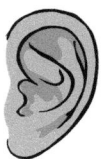

kõrv
dat Ohr

huuled
de Lipp

suu

de Mund

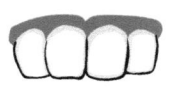

hammas

de Tähn

keel

de Tung

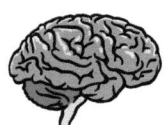

aju

de Bregen

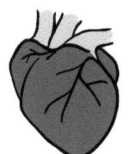

süda

dat Hart

lihas

de Muskel

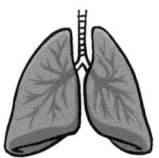

kops

de Lung

maks

de Lever

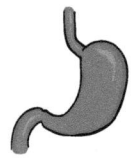

magu

de Maag

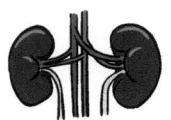

neerud

de Neren

seksuaalvahekord

de Bislaap

kondoom

dat Kondoom

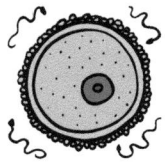

munarakk

de Eizell

sperma

dat Sperma

rasedus

de Anner Ümstänn

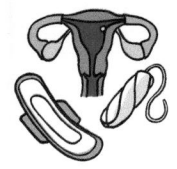

menstruatsioon

de Menstruatschoon

vagiina

de Scheed

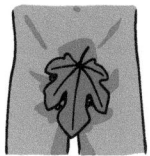

peenis

de Pint

kulm

de Ogenbroe

juuksed

dat Hoor

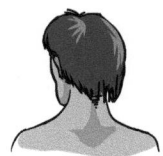

kael

de Hals

haigla
dat Krankenhuus

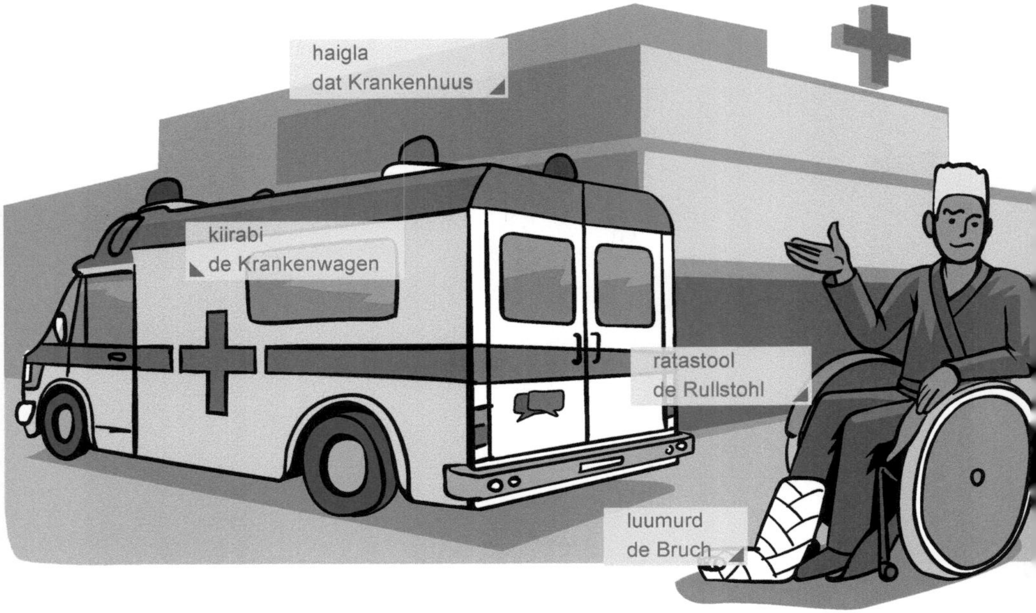

haigla
dat Krankenhuus
kiirabi
de Krankenwagen
ratastool
de Rullstohl
luumurd
de Bruch

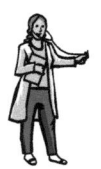

arst

de Dokter

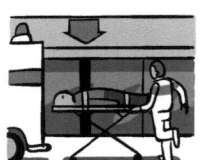

traumapunkt

de Nootopnahm

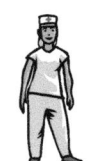

meditsiiniõde

de Krankensüster

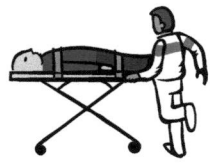

hädaolukord

de Nootfall

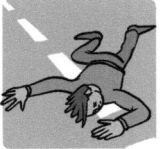

teadvuseta

ahnmächtig

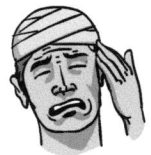

valu

de Wehdaag

vigastus

de Verwunnen

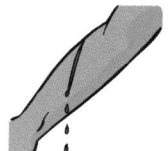

verejooks

de Blöden

südamerabandus

de Hartinfarkt

insult

de Slaganfall

allergia

de Allergie

köha

de Hoosten

palavik

dat Fever

gripp

de Gripp

kõhulahtisus

de Dörchfall

peavalu

de Koppwehdaag

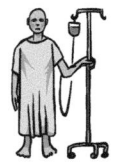

vähk

de Kreeft

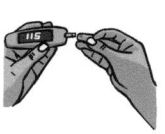

diabeet

de Zuckersüük

kirurg

de Chirurg

skalpell

dat Chirurgsch Mess

operatsioon

de Operatschoon

KT

dat CT

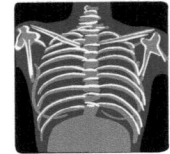

röntgen

de Dörchlüchten

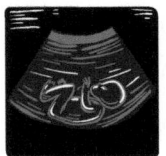

ultraheli

de Ultraschall

mask

de Mask

haigus

de Krankheit

ooteruum

de Töövruum

kark

de Krück

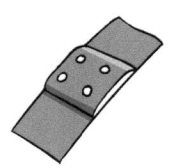

kips

dat Plaaster

side

de Verband

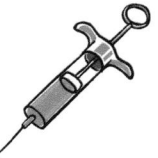

süst

de Insprütten

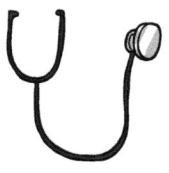

stetoskoop

dat Stethoskop

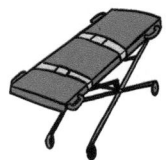

kanderaam

de Draag

kraadiklaas

dat Feverthermometer

sünd

de Geboort

ülekaaluline

dat Övergewicht

kuuldeaparaat

de Hörapparat

desinfektsioonivahend

dat Kiemfriemiddel

põletik

de Ansteken

viirus

de Virus

HIV / AIDS

dat HIV / AIDS

meditsiin

dat Heelmiddel

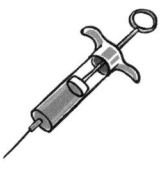

vaktsineerimine

de Impen

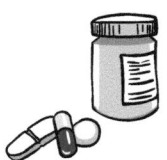

tabletid

de Tabletten

pill

de Pill

hädaabikõne

de Nootroop

vererõhuaparaat

de Blootdruck-Meter

haige / terve

krank / gesund

Appi!

Hölp!

häire

de Alarm

kallaletung

de Överfall

rünnak

de Angreep

oht

de Gefohr

avariiväljapääs

de Nootutgang

Tulekahju!

dat Füer!

tulekustuti

de Füerlöscher

õnnetus

de Unfall

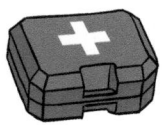

esmaabikomplekt

de Noothölpkoffer

SOS

SOS

politsei

de Polizei

| Euroopa | Põhja-Ameerika | Lõuna-Ameerika |
| Europa | Noordamerika | Süüdamerika |

| Aafrika | Aasia | Austraalia |
| Afrika | Asien | Australien |

| Atlandi ookean | Vaikne ookean | India ookean |
| de Atlantik | de Pazifik | dat Indisch Weltmeer |

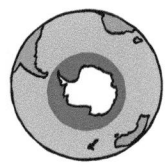

| Lõuna-Jäämeri | Põhja-Jäämeri | põhjapoolus |
| at Antarktisch Weltmeer | dat Arktisch Weltmeer | de Noordpol |

lõunapoolus
de Süüdpol

Antarktika
de Antarktis

Maa
de Eerd

maismaa
dat Land

meri
de See

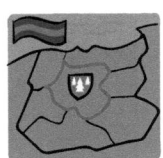

saar
dat Eiland

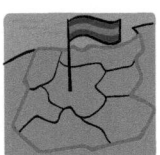

rahvus
de Natschoon

riik
de Staat

sihverplaat

dat Tallenblatt

tunniosuti

de Stunnenwieser

minutiosuti

de Minutenwieser

sekundiosuti

de Sekunnenwieser

Mis kell on?

Wo laat is dat?

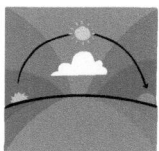

päev

de Dag

aeg

de Tiet

praegu

nu

digitaalne kell

de digetaalsch Klock

minut

de Minuut

tund

de Stunn

nädal
de Week

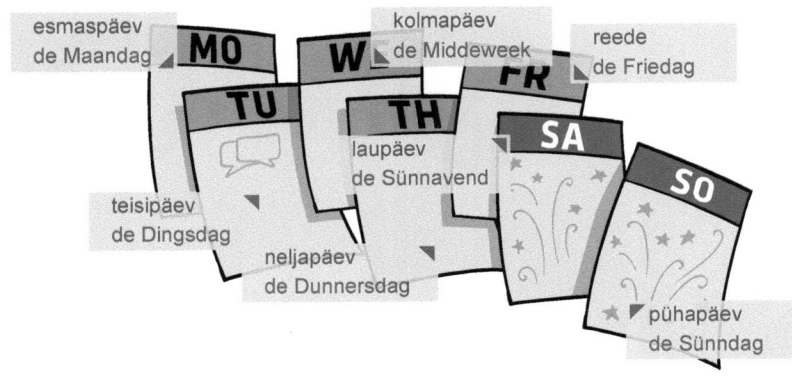

esmaspäev
de Maandag

teisipäev
de Dingsdag

kolmapäev
de Middeweek

neljapäev
de Dunnersdag

laupäev
de Sünnavend

reede
de Friedag

pühapäev
de Sünndag

eile
....
güstern

täna
....
hüüt

homme
....
morgen

hommik
....
de Morgen

lõuna
....
de Meddag

õhtu
....
de Avend

MO	TU	WE	TH	FR	SA	SU
1	2	3	4	5	6	7
8	9	10	11	12	13	14
15	16	17	18	19	20	21
22	23	24	25	26	27	28
29	30	31	1	2	3	4

tööpäevad
....
de Arbeitsdaag

MO	TU	WE	TH	FR	SA	SU
1	2	3	4	5	6	7
8	9	10	11	12	13	14
15	16	17	18	19	20	21
22	23	24	25	26	27	28
29	30	31	1	2	3	4

nädalavahetus
....
dat Wekenenn

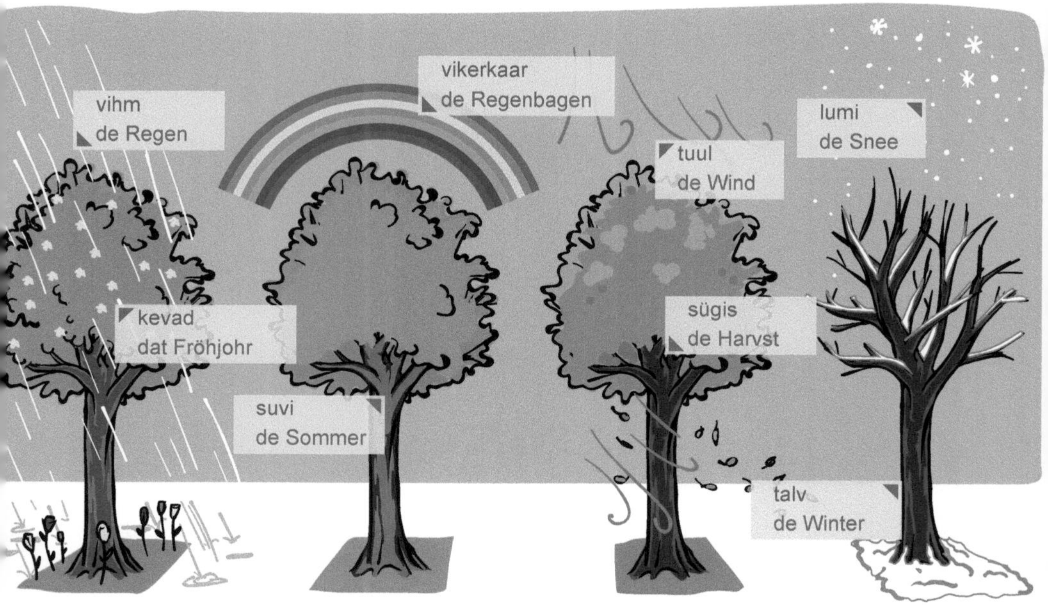

vihm
de Regen
vikerkaar
de Regenbagen
lumi
de Snee
tuul
de Wind
kevad
dat Fröhjohr
sügis
de Harvst
suvi
de Sommer
talv
de Winter

4.APRIL 11°
5.APRIL 4°
6.APRIL 13°
7.APRIL 8°
8.APRIL 10°

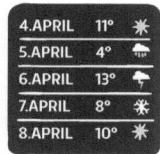

ilmaennustus

de Wedervörhersaag

F C
120 40
90 30
60 20
30 10
0 0
-30 -10
-20

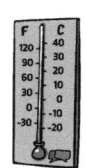

termomeeter

dat Thermometer

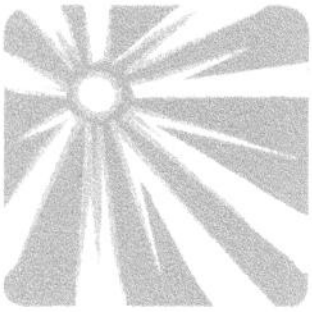

päikesepaiste

de Sünnenschien

pilv

de Wulk

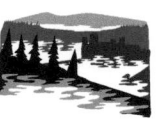

udu

de Nevel

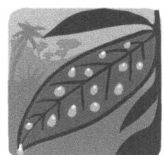

niiskus

de Luftfuchtigkeit

pikne

de Blitz

kõu

de Dunner

torm

de Storm

rahe

de Hagel

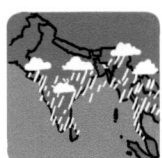

mussoon

de Monsun

üleujutus

de Floot

jää

dat Ies

jaanuar

de Januormaand

veebruar

de Februormaand

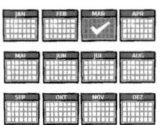

märts

de Martmaand

aprill

de Aprilmaand

mai

de Maimaand

juuni

de Junimaand

juuli

de Julimaand

august

de Augustmaand

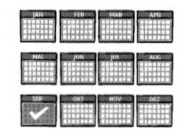

september
de Septembermaand

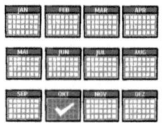

oktoober
de Oktobermaand

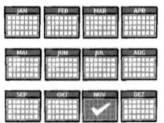

november
de Novembermaand

detsember
de Dezembermaand

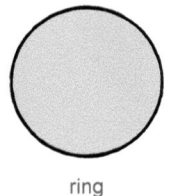

ring
de Krink

ruut
dat Quadrat

nelinurk
dat Rechteck

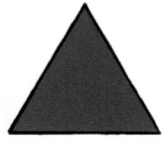

kolmnurk
dat Dreeeck

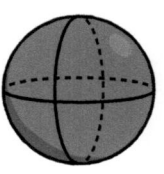

kera
de Kugel

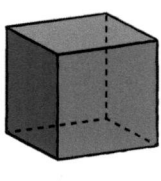

kuup
de Wörpel

valge

witt

kollane

geel

oranž

orangsch

roosa

pink

punane

root

lilla

lila

sinine

blau

roheline

gröön

pruun

bruun

hall

gries

must

swart

palju / vähe

veel / wenig

vihane / rahulik

böös / verdreeglich

ilus / inetu

smuck / mies

algus / lõpp

de Begünn / dat Enn

suur / väike

groot / lütt

hele / tume

hell / düüster

vend / õde

de Broder / de Süster

puhas / must

schier / schietig

täielik / puudulik

kumpleet / nich kumpleet

päev / öö

de Dag / de Nacht

surnud / elus

doot / lebennig

lai / kitsas

breet / small

söödav / mittesöödav

geneetbor / nich geneetbor

kuri / sõbralik

böös / fründlich

põnevil / tüdinud

fickerig / langwielt

paks / peenike

dick / dünn

esimene / viimane

toeerst / toletzt

sõber / vaenlane

de Fründ / de Fiend

täis / tühi

vull / leddig

kõva / pehme

hart / week

raske / kerge

swoor / licht

nälg / janu

de Smacht / de Döst

haige / terve

krank / gesund

ebaseaduslik / seaduslik

nich na't Recht / na't Recht

tark / rumal

klook / dummerhaftig

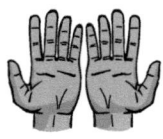

vasak / parem

linkerhand / rechterhand

lähedal / kaugel

neeg / feern

uus / kasutatud

nieg / bruukt

mitte midagi / midagi

nix / wat

vana / noor

oolt / jung

sees / väljas

an / ut

lahti / kinni

apen / slaten

vaikne / vali

lies / luut

rikas / vaene

riek / arm

õige / vale

richtig / verkehrt

kare / sile

ruug / glatt

kurb / rõõmus

trurig / glücklich

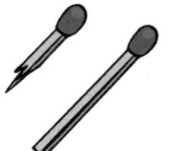

lühike / pikk

kort / lang

aeglane / kiire

suutje / flink

märg / kuiv

natt / dröög

soe / jahe

warm / köhl

sõda / rahu

de Krieg / de Freden

0

null
....
null

1

üks
....
een

2

kaks
....
twee

3

kolm
....
dree

4

neli
....
veer

5

viis
....
fief

6

kuus
....
söss

7

seitse
....
söven

8

kaheksa
....
acht

9

üheksa
....
negen

10

kümme
....
teihn

11

üksteist
....
ölven

12

kaksteist

twölf

13

kolmteist

dörteihn

14

neliteist

veerteihn

15

viisteist

föffteihn

16

kuusteist

sössteihn

17

seitseteist

söventeihn

18

kaheksateist

achtteihn

19

üheksateist

negenteihn

20

kakskümmend

twintig

100

sada

hunnert

1.000

tuhat

dusend

1.000.000

miljon

million

inglise

dat Engelsch

Ameerika inglise

dat Amerikaansch Engelsch

mandariini

dat Chineesch Mandarin

hindi

dat Hindi

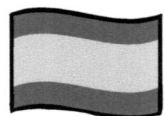

hispaania

dat Spaansch

prantsuse

dat Franzöösch

araabia

dat Araabsch

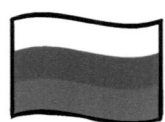

vene

dat Rusch

portugali

dat Portugiesch

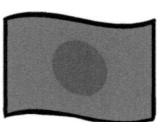

bengali

dat Bengaalsch

saksa

dat Düütsch

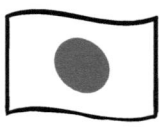

jaapani

dat Japaansch

mina
ik

sina
du

tema
he / se / dat

meie
wi

teie
ji

nemad
se

kes?
keen?

mis?
wat?

kuidas?
woans?

kus?
woneem?

millal?
wannehr?

nimi
de Naam

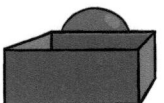

taga

achter

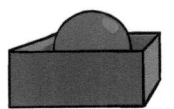

sees

in

ees

vör

kohal

över

peal

op

all

ünner

kõrval

blangen

vahel

twüschen

koht

de Oort